Mors Certa, Hora Incerta

Dark Poems

written with blood, sweat and fears

Der Baron

Impressum:
Copyright @ 2017 Markus Gust
Herstellung und Verlag:
BoD – Books on Demand, Norderstedt
ISBN 9783746030043

Dieses Foto des „**Fährmann**"-Darstellers **Patrick Hagemeier** (Fotografie: Sven Adrian) steht exemplarisch für die Inspiration zu diesem Buch.

Einführung:

Man möge mir verzeihen, aber hier wird man keine Lyrik zum Kuscheln oder der über allem stehenden Liebe finden, die man in stiller Stunde seiner Liebsten ins Ohr flüstern kann – außer sie hat diesen besonderen, mancher würde sagen „morbiden", Geschmack für das Nichtalltägliche, trägt gerne schwarzes Gewand oder treibt sich auf mitunter sehr bizzaren Festlichkeiten herum. Die Dark Poems wurden geschrieben, um auch denjenigen unter uns Wörter in Reimform näherzubringen, die mit der normalen Dichtkunst nichts anfangen können, da sie ihnen viel zu sanft, zu weich oder sagen wir viel zu wirklichkeitsfremd erscheint. Wir Gothics stehen dem realen Leben viel näher, als man denkt, weil die Welt nicht nur aus Prosa und althergebrachten Weisheiten besteht. Mit den Dark Poems habe ich etwas geschaffen, in dem sich jeder von uns wiederfinden kann, sei er oder sie Wikinger, Kelte, Dark Metal oder in der Renaissance zu finden. 'Gothic' umfasst in dieser Hinsicht jeden Bereich – nur alles ein wenig in SCHWARZ.

Lesern meiner dunklen FB-Seite „ENTER THE DARK SIDE" sind die Dark Poems vertraut und wenn ich mir die Statistik so ansehe, finden meine Gedanken immer mehr Anhänger, bei denen ich mich recht herzilch bedanken möchte. Die Dark Poems sind nicht einfach nur düstere Gedichte, sondern Stücke, bei denen Themen zu Wort kommen, an die viele lieber nicht wagen zu denken und schon gar nicht darüber zu sprechen. Geschichte wird verarbeitet und verliert durch momentane weltliche Umstände nie ihre Aktualität. Wie bei den Nazis oder bei Grausamkeiten gegen Unschuldige, die einfach nur leben wollen.

Kein Tabu wird ausgelassen – nicht auf dieser Welt und auch nicht in der Welt, die uns nach unserem Ableben erwartet. Manches mag phantastisch erscheinen, aber warum soll es vieles nicht geben, nur weil wir es nicht erklären können? Wenn man z.B. den Tod als Bestandteil des Lebens annimmt, sieht man auf den letzten

Ruhestätten unserer Ahnen mehr, als man sich vorstellen kann. Botschaften aus dem Reich der Toten, die man eigentlich nur „sehen" muss. Gräber sagen oft mehr, als man sich vorstellt. Dies erkannten auch schon die Römer, denn wie sonst kann man sich den Umstand erklären, dass römische Denkmäler oft ihre Besucher zu Bleiben auffordern? Den Tod als Bestandteil des Lebens zu akzeptieren, ist für einen aufgeklärten Menschen in der heutigen Zeit schwer vorstellbar. Für alles suchen wir Erklärungen und wenn wir keine finden, wird vieles einfach abgelehnt, verschwiegen oder – wenn nicht – sogar getötet. Die Kirche und der Exorzismus ist da nur ein Beispiel. Gutes und Böses sind nicht zu trennen, wo man das eine findet, ist das Gegenstück nicht weit entfernt.

So auch in der Gothicszene. Oft genug wird die Offenheit der Schwarzen Szene für Zwecke benutzt, die nichts Gutes im Schilde führen und ich lobe mir Personen, die sich diesem negativen Wirken entgegenstellen. Diese Unterwanderung kann und sollte man nicht einfach als gegeben hinnehmen. Deshalb auch die Dark Poems, in denen man solch „kleinen" Widerstand zu lesen bekommt. Sie sollen den Leser zum Nachdenken bringen und ich freue mich jedes Mal über einen Kommentar, wenn ich etwas auf meiner Seite poste. Das Leben spielt sich nicht nur in der Wellnesszone ab, sondern hat auch Seiten an sich, denen wir mit offenen Augen und Ohren begegnen müssen. Das, was war, ist geschehen, ob bedacht oder unbedacht, das spielt keine Rolle, da man es nicht mehr ändern kann. Doch die Zukunft und die kleine Welt um sich, das ist ein Kapitel, das man selber schreiben kann.

Doch zurück zu dem Buch, das Sie in ihren Händen halten – allein schon die Überschrift sagt eigentlich alles aus:

MORS CERTA, HORA INCERTA
Der Tod ist gewiss, nur die Stunde ist ungewiss.

Diesen Spruch wird man auch auf meinen Visitenkarten sehen, weil ich finde, dass er so viel aussagt und so passend für die Dark Poems ist. Ich habe mir lange überlegt, wie ich meine Gedichte einteilen soll und bin dann auf den Gedanken gekommen, dass sich ja alles um den Tod dreht und er ein Teil jedes Menschen ist. Deshalb kam ich zu dem Entschluss, den ersten Teil der **Dark Poems – Mors certa, hora incerta** in drei Kapitel zu teilen:

ANTE MORTEM
IN MORTEM
POST MORTEM

Durch die Offenheit der Schwarzen Szene öffnen sich auch Wege, die ich mir beileibe nie vorstellen konnte. Wie sonst kann man sich den Umstand erklären, dass plötzlich „DER FÄHRMANN" mich anschrieb und nach einem Text für sich suchte. Nachdem er aber nicht fündig geworden war, bekam er von mir sein speziell für ihn geschriebenes Gedicht. Dieser Text sorgte in der Mittelalterszene für eine regelrechte Lawine und ich darf mit Stolz verkünden, dass ich jetzt einige der wichtigsten Darsteller dieser Szene mit Texten versorgen darf. Ganz besonders freut es mich immer, wenn Fans mir Bilder oder Videos von 'meinen' Darstellern wie Kaelin, dem Erlöser, Letizia, der Waldhexe, dem Stillen Tod, Gevatter Tod oder eben dem Fährmann zuschicken. Die dazugehörigen Texte dazu findet man natürlich auch in diesem Buch – und dies in einem speziellen Kapitel namens

ET MYSTERIA.

Hochachtungsvoll Baron Markus von Gust

ANTE MORTEM

Die böse Maid

So lieblich, wie die Maid erscheint
Ist sie beileibe nicht
In ihr ist all das tief vereint
Was nie sah helles Licht

Hüte Dich vor bösem Blick
Komm nicht in ihre Nähe
Sonst leitet sie Dein letzt' Geschick
Begleitet von der Krähe

Das Lachen schallt aus weiter Ferne
Ihr Tanz zieht Dich in ihren Bann
Denn sie verführt ja gar so gerne
So flieht, so lange man noch kann

Doch leider kennt sie unsere Schwächen
Und weiß, wo man sie sucht
Das wird sich alsbald ziemlich rächen
Die Menschheit ist verflucht

So freundlich, wie die Maid auch strahlt
Ist sie beileibe nicht
Jeder mit dem Leben zahlt
Dem sie das Herz nun bricht

Abgrund der Seele

Am Abgrund meiner Seele
Erkenn' ich mich nicht wieder
Denn dort, wo einst die Liebe
Lässt sich der Hass schnell nieder

Am Abgrund meiner Seele
Bin ich alsbald allein
Denn jeder, der mich kannte
Vermeidet nah zu sein

Am Abgrund meiner Seele
Steh' ich dann vor der Wahl
Ewig nur als Albtraum leben
Oder beenden endlos Qual

Am Abgrund Deiner Seele
Wird das Herz zu Stein
Die Abscheu Deiner Taten
Wird man Dir nie verzeih'n

Drama

Jeder sah es kommen
So wie das Ganze lief
Mit Schreien hat's begonnen
Nachts, als jeder schlief

So herzlich war der äußere Schein
Doch jeder wusst' es besser
Sie war mit Kind gar stets allein
Der Ausweg war ein Messer

Das Drama kam bei dunkler Nacht
Und niemand nahm's zur Kenntnis
Das Kind, das wurde umgebracht
Das Schreien war sein Verhängnis

Die Ruhe war zurückgekehrt
Die Nachbarn waren zufrieden
Niemand hat sich je beschwert
Kontakt wurd' stets vermieden

Die Wahrheit blieb verborgen
Wer Schuld am Kindestod
Gegangen waren alle Sorgen
Das Blut, das war so rot

Jeder sah es kommen
So wie das Ganze lief
Mit Schreien hat's begonnen
Nachts, als niemand schlief

Suizid
(als letzte Hoffnung)

Wenn Schmerzen sind stets dein Begleiter
Und oftmals weißt Du nicht mehr weiter
Kommst Du zu dieser einen Frage:
Wen kümmert`s, wenn Du gehst zu Grabe?

Wenn Atmen ist nur ständig Qual
Dann hast Du alsbald keine Wahl
Denn Hoffnung auf ein besseres Leben
Wird Dir der Tod dann nur noch geben

Doch eines soll man nie verkennen
Leben kann man das nicht nennen
Der Tod ist halt der letzte Schritt
Für jemanden, der sein Leben litt
Suizid.

Memento Mori

Was würden jetzt die Toten sagen
Wenn sie die Welt so sähen
Ich hätt' an sie nur tausend Fragen
Und kann es nicht verstehen

Sinnlos mussten viele sterben
Ideale unverständlich
Doch leider musst' man uns beerben
Bedenkt, wir sind vergänglich

Gib dem Menschen nur die Macht
And're zu befehlen
Sieh, wie dann der Teufel lacht
Wenn sie die Würde stehlen

Schreie schallen durch die Nacht
Quälen wird zum Spiel
Jeder wird dann umgebracht
Ein Leben zählt nicht viel

Die Gräber sollten uns ermahnen
Besinnt Euch endlich, Mensch zu sein!
Achtet Eure leidend Ahnen
Sonst sind sie bald nicht mehr allein

Stilles Flehen

Niemand soll mich weinen sehen
Du hattest mich doch auserwählt
Ich zweifle, wie es konnt' geschehen
Du sagtest: „Nur die Liebe zählt"

Hörst Du nicht mein stilles Flehen
Wenn ich Dich ruf im Schlafe?
Ich kann den Schritt nur nicht verstehen
Hab ich verdient die Strafe?

Gefühle, die ich nie gekannt
Gemeinsam Weg bestreiten
Wie gern ging ich stets Hand in Hand
Doch jetzt nur Schmerz bereiten

Oft genug ertapp ich mich
Gedanken nur bei Dir
Das hat die Liebe wohl an sich
Und schadet nur noch mir

Spürst Du nicht mein endlos Leiden
Das Du mir hast beschert?
Du könntest dies doch schnell vermeiden
Solange bleibt es mir verwehrt

Ein Zeichen nur aus weiter Ferne
Erfreut mein blutend Herz
Doch war's, damit ich daraus lerne?
Folgt Liebe stets der ewig Schmerz?

Hörst Du nicht mein stilles Flehen
Wenn ich Dich ruf im Schlafe?
Ich kann den Schritt nur nicht verstehen
Hab ich verdient die Strafe?

Das Leiden

Wie soll ich es erklären?
Kein Mensch würd' mich verstehen
Darf mich nicht mal beschweren?
Wie wird das weiter gehen?

Ich leide jeden Tag
Ich weiß, ich bin verflucht
Kein Mensch, der mich noch mag
Hab es selber ausgesucht

Süchtig nach den Schmerzen
Was wär ich ohne ihn?
Er schlägt mich ja von Herzen
So sei es ihm verzieh'n

Für ihn wurd' ich geboren
Mir war es nie bewusst
Hab mich an ihn verloren
Als hätte er's gewusst

Im Rausch wurd' ich geschändet
Dann kam er angekrochen
Er hat mich so geblendet
Und reichlich dann bestochen

Ich ließ das all' geschehen
Weil Liebe stand im Raum
Doch nichts bleibt ungesehen
Zerplatzt ist dieser Traum

Das Ende meiner Leiden
Liegt in seiner Hand
Es lässt sich nicht vermeiden
Verrinnt wie Sanduhrs Sand

Selbstbetrug

Was einst im Dunkeln war verborgen
Zeigt sich jetzt im Tageslicht
Ich hab Bedenken für das Morgen
Doch viele Menschen stört das nicht

Marschieren ohne Nachzudenken
Vergessen wird getrocknet Blut
Den Kindern nur den Terror schenken
Wie einst fehlt es am eigenen Mut

Hoffnung für ein Überleben
Schwindet schnell bei jedem Schuss
Das sollte es niemals mehr geben
Doch Denken war noch nie ein Muss

Der Mensch zeigt sich von 'bester Seite'
Die Zukunft zählt schon lang nicht mehr
Das Böse ist, was ihn verleite
Und Frieden wünscht man sich so sehr

Was ist denn nur aus uns geworden?
Sind die Toten nicht genug?
Besteht das Sein denn nur aus Morden?
Und Leben wird zum Selbstbetrug

Vergib mir
(Schlaflied)

Sieh nur, wie das Kindlein lacht
So sollt' es immer sein
Doch meines wurde umgebracht
Und so bin ich allein

Jede Nacht hör' ich sie weinen
Wo mag sie jetzt nur sein?
Im Himmel, wie sie alle meinen
Doch das denkt Ihr allein

Niemand sah ihr echt Gesicht
Weil sie es stets verbarg
Doch als die Wahrheit kam ans Licht
Da war sie schon im Sarg

Ein Kind von Bosheit wuchs heran
Obwohl ihr an nichts fehlte
Doch Güte war bei ihr vertan
Da sie mich nur noch quälte

Den Vater hat sie nie gekannt
Mich ließ sie dafür ewig leiden
Sie hat die Liebe einst verbannt
Konnt' sich nur an Schmerzen weiden

Ich konnt's nicht mehr ertragen
Der Hass wurd' immer mehr
Der Mutterlieb' entsagen
Und Gift half mir so sehr

Vergib mir, was ich jetzt getan!
Oh Du, mein einzig Kind!
Beendet ist jetzt dieser Wahn
Schlaf nun ein geschwind

Die Krähen

Am Sterbebett sieht man sie sitzen
Die Krähen unserer Zeit
Dem Tod begegnen sie mit Witzen
Zur Trauer fehlt's hier weit und breit

Denn wenn die letzte Stunde schlägt
Und Tod steht vor der Tür
Nicht jeder, der das Schwarz jetzt trägt
Hält Böses auch dafür

Sein Platz wird frei in dieser Stunde
Das Geld braucht er nicht mehr
Die Krähen freut's bei dieser Kunde
Wo Mitleid fehlt so sehr

Siehst Du nicht ihr 'Stilles Lachen'?
Die Tränen inszeniert
Die eigene Schwester wird zum Drachen
Denn Geld macht so borniert

Doch Krähen wird es immer geben
Zuerst sieht man sie nicht
Steht man jedoch am End' vom Leben
Sieht man ihr wahr' Gesicht

IN MORTEM

Die Sanduhr

Wenn man auf die Sanduhr blickt
Da wird es einem bewusst
Die Zeit bestimmt Dich ganz geschickt
Hätt' man das nur gewusst

Wird man sich die Zeit dann nehmen
Das Leben zu genießen
Oder es dann nur erwähnen
Und doch im Stress verdrießen?

Die Sanduhr zeigt's Dir ganz genau
Wie's wirklich um Dich steht
Der Sand fließt stetig ohne Stau
Dein Leben nur vergeht

Korn für Korn verrinnt die Zeit
Ein Jahr wird zum Moment
Doch niemand ist dafür bereit
Wenn's Leben nur wegrennt

Am Ende wird die Uhr gedreht
Denn Sand fließt nun nicht mehr
Der Tod tut dies und man versteht
Vermisst wird jetzt die Zeit so sehr

Freitod
(Ohne Morgen)

Würdevoll an Deinem Grabe
Stell ich mir jetzt die eine Frage:
Zu welchem höher'n Zweck
Nahm er mir Dich jetzt weg?

Immer, wenn's am Schönsten ist
Jetzt, wo man sie noch mehr vermisst
Die Hoffnung, sie nochmal zu sehen
Bestärkt mich nur, jetzt auch zu gehen

Das Leben hinter sich zu lassen
Sollen sie ruhig mein Geld verprassen!
Niemand wird mich jetzt verstehen
Die wahre Lieb' wird nie vergehen

Gedankenvoll seh ich nur Dich
In Sehnsucht kommt es über mich
Aus Liebeswillen todgeweiht
Steh' ich jetzt hier und bin bereit

Der Tod ist fürwahr ein tristes Sein
Jedoch ist man hier nie allein
Die Seelen leben frei von Sorgen
Doch leider auch ohne ein Morgen

Der gefallene Engel

Nächtelang saß ich nur da
Und stellt' mir manche Frage
Gibt's nur mich, die immerdar
Und so viel Schmerz ertrage?

Ein letzter Blick, bevor er geht
Man sieht es ihm schon an
Ein Abschied, der vorübergeht
Der Tod schreitet voran

Die Stille lässt sich spürbar nieder
Erdrückend und so kalt
Gewissheit folgt, er kommt nie wieder
Doch Trauer fängt mich bald

"Gefallener Engel" nannt' er mich
Bevor er mich verließ
Doch das hat nur die Lieb' an sich
Niemals ich sie verstieß

Am Ende sind wir alle gleich
Des Menschen Leid vergeht
Seist Du ganz arm oder gar reich
Egal, wer vor dem Abgang steht

Frei

Nachsicht suchst Du hier vergebens
Dafür ist viel zu viel passiert
Die Schmerzen dieses jungen Lebens
Das Lächeln war zu oft kaschiert

Geboren, um verloren zu sein
Gelitten für ein schönes Bild
Glücklich sein und nur zum Schein
Der Tod ist oftmals noch zu mild

Familie wird zum Trauerspiel
Denn Flehen bleibt stets ungehört
Das Kind verlangt doch nicht zu viel
Der Täter fühlt sich ungestört

Doch eines Tages kommt die Wende
Denn Kind sein geht sehr bald vorbei
Wer steht dann da mit blutig Händen?
Und denkt sich leise: „Jetzt bin ich **frei!**"

Mein letzter Blick

Egal wohin man jetzt auch blickt
Des Menschens Uhr bald nicht mehr tickt
Denn ohne an das „Später" denken
Sinnlos wir die Welt verschenken

Der Tod, der nimmt sie gerne an
Und schluckt die Leben, Mann für Mann
Kriegen sieht er lachend zu
Die Hölle füllt sich selbst in Nu

Mein letzter Blick geht zu den Sternen
Und hoffe, dass wir es noch lernen
Gemeinsam können wir es schaffen
Sonst wird der Tod uns niederraffen

Dichters Frieden

Das Leben wird mir einerlei
Momente sind, was mir nur bleiben
Erinnerungen ziehen vorbei
Und Hoffnung, sie noch aufzuschreiben

Gedanken schwinden Stund um Stund
Der Tod hat mich gefangen
Mein' Abschied tu ich hiermit kund
Mein Leben ist vergangen

Wie werd' ich mich verhalten?
Hab ich mich oft gefragt
Der Körper wird erkalten
Bis dass er ganz versagt

Niemand wird mein Fehlen missen
Kein Mensch stand mir so nah
So hat auch keiner schlecht Gewissen
Der mich am Ende sah

Der Tod hebt dann die kalte Hand
Und streckt sie mir entgegen
Das Sterben raubt mir den Verstand
Und ich setze nichts dagegen

Das Atmen fällt mir sichtlich schwer
Die Kraft senkt sich zur Neige
Denn leben will ich nimmermehr
Dafür bin ich zu feige

Da niemand meinen Tod bemerkt
Bleib ich für mich alleine
Im Leben lief so viel verkehrt
Ich komm mit mir ins Reine

Im Grab werd' ich dann Ruhe geben
Des Dichters Frieden finden
Die Hoffnung auf ein neues Leben
Im Sterben wird sie schwinden

Stiller Abschied

Im Dunkeln saß ich oft allein
Vergessen von der Welt
Vor Schmerzen könnt' ich nur noch schrei'n
Was kümmert dies die Welt?

Ein Leben, so wie's früher war
Wird niemals mehr geschehen
Denn eines ist jetzt ziemlich klar
Der Tod lässt keinen gehen

Abschied nehmen fällt nicht schwer
Für jemanden wie mich
Mein Herz, das ist schon lange leer
Vergessen hab' ich Dich

Gefühle wird man nicht mehr finden
Die Zeit hat es gezeigt
Schmerzerfüllt werd' ich mich winden
Der Tod hat sich verneigt

Mein Abschied wird in Stille sein
Was kümmert dies die Welt?
Im Dunkeln sterb' ich ganz allein
Vergessen von der Welt

Seelenruh

Niemand hat sie wahrgenommen
Wozu – sie war doch scheinbar stumm
Doch hätt' man sich die Zeit genommen
Hätt' man bemerkt: sie war nicht dumm

Ohne Hast, in Seelenruh'
Saß sie oft da und hörte zu
Ohne Hast, in Seelenruh'
Saß sie oft da und hörte zu

Warum mit sowas auch abgeben?
Wozu – sie war doch scheinbar blind
Hat sie deshalb kein Recht zu leben?
Womöglich noch ein „armes" Kind

Ohne Hast, in Seelenruh'
Saß sie oft da und sah nur zu
Ohne Hast, in Seelenruh'
Saß sie oft da und sah nur zu

Vergessen von der ganzen Welt
Sah man sie stets allein
Stumm und blind und ohne Geld
Niemand wollt' ihr nahe sein

Ohne Hast, in Seelenruh'
Saß sie oft da und sah nur zu
Ohne Hast, in Seelenruh'
Nahm sie die Klinge und stach zu

Ohne Hast, in Seelenruh'
Saß sie jetzt da und hörte zu
Ohne Hast, in Seelenruh'
Saß sie jetzt da und sah nur zu

So still, wie doch das Mädchen war
Sollt' es doch jeder wissen
Ein Alptraum wird durch sie jetzt wahr
Er nennt sich „Schlecht Gewissen"

Ohne Hast in Seelenruh'
Saß sie nun da, die Augen zu
Ohne Hast, in Seelenruh'
Starb sie ganz still, die Welt sah zu

In Momenten wie diesen

In Momenten wie diesen
Da wird's mir bewusst
In Momenten wie diesen
Es hat jeder gewusst

Wie immer war's keiner
Obwohl man es sieht
Doch die Schuld wird nicht kleiner
Wenn man am Ende mit flieht

In Momenten wie diesen
Da wird es so klar
In Momenten wie diesen
Ob die Wahrheit auch wahr

Wenn das Leben vergeht
Und die Trauer obliegt
Wer das Sterben versteht
Wenn die Hoffnung versiegt

Denn wenn jeder betrügt
Und an sich nur noch denkt
Sich selbst nur belügt
Am End' seine Freiheit verschenkt

Im Momenten wie diesen
Da steht's um uns schlecht
Im Momenten wie diesen
Dagegen — erst recht

Annabel Lee

Zu Grabe getragen in aller Stille
So stand's geschrieben, war ihr „Letzter Wille"

Doch Annabel Lee war nicht eines von vielen
Ein junges Mädchen mit vielen Zielen

Ihr Leben schien einst keinen Pfifferling wert
Doch wer hätt's geahnt, dass sie wiederkehrt

Denn Annabel Lee liebte das Leben
Kein Weg war zu weit, um danach zu streben

Der Tod sah sie an und ließ sie gehen
Ein Lebender würde das nie verstehen

Doch Annabel Lee zeigte viel Mut
Bezahlte dafür mit eigenem Blut

Ein Pakt um zu leben, auf ewige Zeit
Ließ sie zu dem werden, zum Rächen bereit

Zu Grabe getragen in aller Stille
Wurd' dann der Mörder, das war ihr Wille

Doch Annabel Lee war kein Mädchen wie viele
Für sie gab's nur eins: Männer als Ziele

Der Tod war zufrieden mit all den Seelen
Und Annabel Lee einst auszuwählen

Nur eins sei gesagt, denk an mein Wort:
Siehst Du sie kommen, lauf lieber gleich fort!

Post Scrictum: Dies fiel mir ein, als ich 'meine' „Annabel Lee" von Lord of the Lost zum tausendsten Mal anhörte.

POST MORTEM

Erzengel
(Schlaf Kindlein, schlaf)

Schlaf Kindlein, schlaf
Die Welt wird niemals brav
Sie denkt nicht an ein Morgen
Was bleibt, sind endlos Sorgen

Doch Du mein Kind musst tapfer sein
Denn alsbald bist Du ganz allein

Schlaf Kindlein, schlaf
Wie schön, dass ich Dich traf
Der Mensch ist so verdorben
Am End' einsam verstorben

Doch Du mein Kind, bist auserkoren
Denn sie sind lange schon verloren

Schlaf Kindlein, schlaf
Und träume tief im Schlaf
Verschließ' die Augen vor dem Feuer
Menschens Gier, die kommt ihm teuer

Doch Du mein Kind wirst überleben
Dafür werd ich mein Wort Dir geben

Schlaf Kindlein Schlaf
Du siehst nicht, wen ich straf
Den Hass werd ich nur noch verstärken
Kein Mensch wird es am End' bemerken

Und Du darfst dann am Grabe stehen
Wenn Menschlichkeit wird untergehen

Schlaf Kindlein, schlaf
Die Welt war niemals brav
Schlaf Kindlein, schlaf

Der letzte Vorhang

Wenn der letzte Vorhang fällt
Geschichte wurd' geschrieben
Am Ende stirbt er doch, der Held
Was ist ihm dann geblieben?

Ein letzter Aufschrei durch die Hallen
Die Bühne leert sich schnell
Jubel wird nicht mehr erschallen
Dunkel wird's, wo einstmals hell

Die Tränen sollte niemand sehen
Der Abgang fällt so schwer
Den letzten Akt alleine gehen
Die Bühne miss ich sehr

Wenn man die letzte Stunde zählt
Und Stille kehrt zurück
Wird bewusst, was einem fehlt
Verschwind't es Stück für Stück

Ehre der Toten

Ihr schreitet oft durch meine Reihen
Gedankenlos und ohne Ziel
Doch dies werd ich Euch nie verzeihen
Der Toten Ehre ist nicht viel

Manch Schicksal bleibt Euch so verborgen
Menschens Leid wird schnell vergessen
Doch denkt auch mal an Euer Morgen
Und steter Jammer wirkt vermessen

Schwarz trägt man dann ohne Würde
Die Tränen wirken inszeniert
Am Ende kommt die letzte Bürde
Zum Abgang wird der Tod zensiert

Beten für die guten Seelen
Absurd, wenn man die Wahrheit kennt
Doch Lüge wird man stets erwählen
Bevor man Taten hier benennt

Doch folgt dem Ruf der Dunkelheit
Dem Flüstern meiner Stille
Zum Sterben seid Ihr dann bereit
Gehorcht, so ist's mein Wille

Abschied

Egal wohin ich schau
Egal was ich berühr'
Eines weiß ich ganz genau
Dass ich Dich immer spür'

So still und leise
Gingst Du fort
Allein auf Reise
Zum dunklen Ort

Dein Abschied wurde zelebriert
Der Tod für Dich ein Spiel
Doch leider war's schlecht inszeniert
So blieb von Dir nicht viel

Dort, wo Du jetzt bist
Allein auf anderer Seit'
Ich hoff', Du nie vergisst
Wie schön war unsere Zeit

Abschied nehmen fällt mir schwer
Das wird kein Mensch verstehen
Denn innerlich bin ich nicht leer
Mein Herz lässt Dich nicht gehen

Egal wohin ich schau
Egal was ich berühr'
Eines weiß ich ganz genau
Dass ich Dich ewig spür'

Der Tod stellt keine Fragen

So langsam wird es Zeit
Ich möcht' es endlich wissen
Mein Körper ist dafür bereit
Was stört, ist schlecht Gewissen

Wer wird jetzt um mich weinen?
Wen lasse ich zurück?
Was wird aus meinen Kleinen?
Bleibt Ex ein fieses Stück?

Für mich gibt's keine Hoffnung mehr
Die Stunden sind gezählt
Atmen fällt mir gar so schwer
Der Tod hat mich erwählt

Mein Herz schlägt immer leiser
Die Bilder nicht mehr klar
Selbstmord ist nicht weiser
Doch nichts ist, wie es war

Krank war ich seit Kindestagen
Ich wollt' es mir nicht eingestehen
Der Tod am End' stellt keine Fragen
So ist es besser, selbst zu gehen

Dämon

Oft lag ich wach und dacht' an Dich
An gar so schöne Zeit
Denn Trauer hat es so an sich
Noch bin ich nicht so weit

Ich sollt' Dich nur noch gehen lassen
Wenn ich anseh', was Du getan
Ich lieg' im Sterben, sollt' Dich hassen
Doch bin ich noch so angetan

Dein Lächeln ist, was mir geblieben
Ich seh' es immerzu
Den Dämon in Dir ausgetrieben
Doch leider starbest Du

Das zehnte Jahr wird jetzt geschrieben
Als ich Dich einst umbrachte
Doch seht mich an, was ist geblieben?
Der Dämon war's, der lachte

Am Totenbett erschien er mir
Und flüsterte mir zu
"Schließ die Augen, sag ich Dir
Der Dämon, der bist Du!"

Geister der Vergangenheit

Am Ende meines Lebens
Da wurd' es mir so klar
Die Hoffnung war vergebens
Dass dies ein Alptraum war

Wie konnt' es dazu kommen?
Ein Leben für den Krieg
Wir galten als besonnen
Was bringt uns da ein Sieg?

Wir waren ohne Ziele
Marschierten blind und stumm
Dem Führer folgten viele
Die Menschen ewig dumm

Wie soll man sich verhalten
Wenn man nur das noch sieht?
Verflucht jetzt nicht die Alten
Wer selbst in Kriege zieht

Zu viel hab ich gesehen
Noch mehr gar noch zerstört
Es sollt' nur schnell vergehen
Ich wurde nie erhört

Hatt' ich die Waffe in der Hand
Erkannt' ich mich nicht mehr
Ein Fremder ohne echt Verstand
Ich schäme mich so sehr

Was war ich stolz auf meine Tat!
Das Blut klebt noch an mir
Die Meinung, die ich einst vertrat
War fehl am Platze hier

Am Ende meines Lebens
Da wurd' es mir so klar
Die Hoffnung war vergebens
Dass dies ein Alptraum war

Gedanken eines Toten

Jetzt lieg' ich hier und denk mir nur
Wenn die da oben wüssten
Sie merken's nicht, sind oft zu stur
Mit was sie sich so brüsten

Erfolge, die das Leben schrieb
Errungen durch viel Eifer
Freunde man so oft vertrieb
Ein Titel macht nicht reifer

Die Toten singen hier ein Lied
Vergessen von der Welt
Jeder, der einstmals verschied
Braucht sicher hier kein Geld

Im Grabe zählen and're Werte
Auch wenn der Mensch so denkt
Niemand, der sein Geld vermehrte
Bekommt hier was geschenkt

Sobald der Deckel wird verschlossen
Der Sarg hinab gehoben
Die letzten Tränen sind vergossen
Niemand denkt an Dich dort oben

Der Tod kam über Nacht

Viele Worte ungesprochen
Manche Taten unvollbracht
Doch jetzt wird sicher nicht verkrochen
Dafür hab'n wir zu oft gelacht

Die Trauer bleibt verborgen
Im Innern, tief in mir
Vorbei sind alle Sorgen
Und Ruhe gönn' ich Dir

Der Tod kam über Nacht
Und plötzlich herrschte Stille
Sein Herz nie mehr erwacht
Erfüllt sein letzter Wille

Sterben wollt' er neben mir
Ganz nah an meiner Seit'
Jetzt liegt der kalte Leichnam hier
Und ist mir niemals weit

Ich hab ihn einfach schön gemacht
Aufgebahrt auf seinem Platz
Gemeinsam schöne Zeit verbracht
Ich folge bald, mein Schatz

Niemand wollte uns verstehen
Als man uns dann hier fand
Ich ließ ihn nicht alleine gehen
Trenne nie, was uns verband

Der Tod kam über Nacht
Und plötzlich herrschte Stille
Mein Herz nie mehr erwacht
Erfüllt gemeinsam Wille

Keine Träne
(Grabinschrift)

Vergeude keine Träne hier
Ein Lachen möcht' ich sehen
Ein Toter liegt nur hier vor Dir
Denn jeder muss mal gehen

Vergeblich wirst Du Trauer suchen
Der Tod hat einst entschieden
Da half kein Bitten oder Fluchen
So bin ich halt verschieden

Jetzt lieg' ich hier und hör Euch zu
Dafür hab' ich jetzt Zeit
Schimpfen, Klagen, Stress dazu
Ihr tut mir wirklich leid

Vergeude keine Träne hier
Ein Lachen möcht' ich sehen
Ein Toter liegt nur hier vor Dir
Und wart' auf's Wiedersehen

Kindstod

Kaum das Licht der Welt gesehen
Nahm es Abschied, musste gehen
Die Hoffnung auf ein Wiedersehen
War nur kurz und doch vergebens

Ein Kind der Freude sollt' es sein
Doch jetzt bin ich noch mehr allein
Kind und Mutter sind jetzt fort
Und ich sitz' hier. Und find kein Wort.

Beide wurden mir entrissen
Auf ewig werd' ich sie vermissen
Den Glauben hab' ich oft gesucht
Und doch am Ende nur verflucht

Mein Leben wurde jäh beendet
Als man den Tod einst ausgesendet
Stetig Leiden, Tag und Nacht
Ich, im Traum, wie's Kindlein lacht

Doch langsam kehrt die Stille ein
Denn ich genieß' den letzten Wein
Ein leiser Abschied ohne Schmerzen
Ein letztes Schlagen meines Herzens

Adieu

Sterben
(war mein einzig Ziel)

Ein Blick zurück ins trostlos Leben
Erfolg und Macht, das war mein Streben
Für mich war ich der Nächste nur
Gewissenlos, die Bosheit pur

Doch hätt' ich nur ein Herz gezeigt
Der Liebe eine Chance gegeben
Nur einmal vor dem Kreuz verneigt
Bevor ich ging aus diesem Leben

Alleingelassen von der Menschheit
Im Siechtum wollt' mich keiner sehen
Sogar die Kirche mied mein Leid
Und zeigte mir, ich solle gehen

Mein letztes Schreien hörte die Stille
Die Schmerzen waren gar so viel
Die Kugel war mein Letzter Wille
Und Sterben war mein einzig Ziel

ET MYSTERIA

Fährmann

Ruhelos die Schatten ziehen
Ich sah es oft genug
Und alle wollten nur noch fliehen
Nach hundert Jahr Vollzug

Ihr Flehen hab ich oft vernommen
„Charon, mach hier Halt!"
Doch niemand wird hier mitgenommen
Da Gnade stets verhallt

Wenn irdisch Sein zu Ende geht
Und Leichnam wird gebracht
Dann acht' ich, dass man es versteht
Das Ritual zur Nacht

Den Obolus muss man verrichten
Dem Toten zu Geleit
Sonst werd' ich auf ihn gern verzichten
Und Kummer macht sich breit

Bedenke, wenn Du mich betrügst
Denn eines gilt an diesem Ort:
Verloren, wenn Du mich belügst
Lausche gut des Fährmanns Wort

Charon werde ich genannt
Der Toten letzt' Begleiter
Zu Hades werdet Ihr verbannt
Steigt ein zum Seelenreiter

Doch weder Mut und große List
Wird mich gar überwinden
Das Leben man hier schnell vergisst
Und Qualen wird man finden

Wer Styx gar hinter sich gelassen
Den Ruf der Toten zu sich ließ
Wird von mir dann stets entlassen
Bevor man ihn zu Lethe stieß

Ruhelos die Schatten ziehen
Am Ufer warten sie
Und alle wollten mit mir fliehen
Doch Gnade kannt' ich nie

Rose mein

Im Düsterlicht erschien sie mir
Die Frau, die einst hier wohnte
Konnt' nicht mehr schlafen, wurde wirr
Als ob sie mich belohnte

Lieblich Lächeln blieb ihr hold
Auch als sie mich verließ
Rose mein war unbescholt'
Ich doch zu Tode stieß

Ich konnt' es ihr nicht sagen
Es war nicht zu verstehen
Ich konnt' sie nicht ertragen
Sie musste von mir gehen

Mein Leben war so sinnlos
Das zeigte sie mir täglich
Bei ihr war ich so hilflos
Versagte immer kläglich

Jede Nacht sollt' ich es spüren
Wie sehr sie mich vermisst
Rose mein will mich berühren
Ihr'n Tod niemals vergisst

Eines Tages kommt die Zeit
Da folge ich ihr stumm
Für ihre Rache dann bereit
Für ewig treu und dumm

Kaelin, der Erlöser

Ein roter Mond am Firmament
Verheißt der Welt nichts Gutes
Geschöpfe, die kein Mensch erkennt
Berauben all' des Mutes

Die Zwischenwelt hielt sie doch inne
Doch dies ist nun vorbei
Wenn Totenspiel erneut beginne
Ist Kaelin stets dabei

Die Hoffnung auf ein Weiterleben
Schwindet gar so schnell
Die Seele wird man bald abgeben
Dann wird es nie mehr hell

Wenn Kaelin Dir erscheint
Und Dich zur Ader lässt
Wird Vergangenes vereint
Bis Odem Dich verlässt

Oh Sterblicher, oh Auserwählter!
Niemals verfehlt die Sens' ihr Ziel
Die Welt ward für Dich immer kälter
Wenn Kopf alsbald zu Boden fiel

Der Seelenfänger streift durchs Land
Am Schlachtfeld sieht man ihn
Doch geht er nie mit leerer Hand
Da hilft kein Beten oder Flieh'n

Kaelin, Kaelin!

Letizia

Lodernde Flammen
Dem Ende so nah
Ich könnt' sie verdammen
Für das, was geschah

Die Elfe, die fing mich
Mit tückischer List
Doch dann fügte sich
Was für immer jetzt ist

Er half mir zu fliehen
Meine Kraft kam zurück
Dem Tode entziehen
So mies dieses Stück

Ich schwor mir zu schützen
Die Freunde von mir
Meine Kräfte zu nützen
Dass dies nie mehr passier'

Man wollt' mich verbrennen
Oh sterbliches Wesen
Man lernte mich kennen
Nun sollst Du verwesen!

Seit diesem Tage
Steh' ich Kaelin zur Seite
Folg' ohne Frage
Wohin sein Weg ihn auch leite

Gevatter Tod

Seit alters her, erzählt man sich
In düster Stund kommt er vorbei
Stellt sich am Bette hinter Dich
Beend't Dein Leben, macht Dich frei

Unterschiede gibt es nicht
Wen er auch auserwählt
Am Ende sieht jed' Mann das Licht
Reichtum hier nicht zählt

Gevatter Tod ist der Gerechte
Betrügen kann man ihn gar nicht
Er holt sich Gut und auch das Schlechte
Beim Sterben interessiert das nicht

Reicht er Dir die Hand ganz leise
Weiche nicht zurück
Dies ist Beginn der letzten Reise
Dein Leben endet Stück für Stück

Seit alters her, erzählt man sich
In düster Stund kommt er vorbei
Stellt sich am Bette hinter Dich
Berührt Dich nur und macht Dich frei

Stiller Tod

Niemand sieht mich gar zu früh
Dann nur zum letzten Mal
Ich bring' den Lohn der ganzen Müh'
Beende Deine Qual

Ich bin der Alptraum, der eintritt
Wenn Lebensfaden reißt
So machst Du dann den letzten Schritt
Der „Sterben" so wohl heißt

Die Hoffnung, die Du in mich setzt
Erfüll' ich zu Genüge
Das Herz, das einst wurd' so verletzt
Steht still nach Lebenslüge

Die Frau, die einst zu Boden ging
Mit blutigem Gewand
Der Kämpfer, der am Baume hing
All' reichte ich die Hand

"Der Stille Tod", so kennt man mich
Kommt meist ganz ungelegen
Das Leben hat es so an sich
Am End, auf allen Wegen

Brenn Hexe, brenn!

Zu spätester Stunde
In dunkelster Nacht
So macht es die Kunde
Wird die Frau umgebracht

Das Holz wurd' geschichtet
Der Pfahl ward gesetzt
Das Volk hat gerichtet
Das Kreuz war verletzt

Der Pfaff war zufrieden
Der Schuldspruch erteilt
Doch Wahrheit vermieden
Und der Zeuge enteilt

Die Frau sollt' verbrennen
Wusst' nicht mal warum
Anstatt wegzurennen
Blieb sie stehen so stumm

Die Unschuld der Frau
Hatte man ihr genommen
Ein Mann wusst's genau
Reagierte besonnen

Als Opfer gefunden
Für heimtückisch Tat
Ihr Körper zerschunden
Auf kirchlichen Rat

„Brenn Hexe, brenn!"
Hörte man durch die Gassen
"Brenn Hexe, brenn!"
So tönte es von den Massen

Doch hörte man nur
Am Scheiterhaufen
Dies stille Tortur
Ohne jegliches Schnaufen

Die Frau gab kein Laut
Das war ungewohnt
Mit Schreien vertraut
Hat der Tod sie verschont?

Was niemand gewusst
Wer die Frau wirklich war
So wurd' es jedem bewusst
Als man die Wahrheit dann sah

Man verbrannte ein Wesen
Mit göttlichem Schein
War nie sterblich gewesen
Wird die Tat niemals verzeih'n

Seit dieser Zeit
Spürt es einer ganz tief
Welch endloses Leid
Ein Pfaff nie mehr schlief

Besessen

Unaufhörlich rinnt die Zeit
Ich hör sie auch schon kommen
Die Strafe für abscheulich Leid
Mein Atem wird beklommen

Die Zelle bietet keinen Schutz
Wenn sie mich jetzt auch holen
Jetzt sitz ich hier im eig'nen Schmutz
Und fühl mich wie auf Kohlen

Bestraft für Grässlichkeit ich tat
Sitz ich hier schon zehn Jahr'
Was bleibt, war nur der letzte Rat
Suizid, das war ja klar

Die Kirche wollte mich bekehren
Und das schon tausend Mal
Erfolgreich konnt' ich mich erwehren
Jed' Pfaff endete fatal

Den Teufel stets an meiner Seit'
Niemals weicht er von mir
Ertrag ich all das göttlich Leid
Auch wenn ich verrecke hier

Blutgräfin

Schönheit war mir nie gegeben
Doch Gold und all die Macht
So nahm ich all die jungen Leben
Manch Stunde mit dem Tod verbracht

Blut an meinen Händen
Säumten meinen Weg
Relikte an den Wänden
Trophäen ich erleg

Ihr Blut sollt' mich nur stärken
Erhalten mir die Jugend
Sitz' hier mit meinen Werken
Halt' fest an dieser Tugend

Die Nächte, wenn ich ganz allein
Hör' noch all ihr Leiden
So nah, als würd' es jetzt noch sein
Am Schmerz kann ich mich weiden

Blut an meinen Händen
Kann ich noch immer spüren
Relikte an den Wänden
Muss sie nicht mal berühren

Nebula

Kaum die Hand ist mehr zu sehen
Geschweige denn der Weg zu finden
Jetzt wird man die Angst verstehen
Niemand wird sich überwinden

Vor langer Zeit, da ist's geschehen
Die Wahrheit wird hier totgeschwiegen
Ein Mädchen ward nie mehr gesehen
Geheimnis, wo sie kam zu liegen

Wenn dichter Nebel dringt durchs Tal
Jeder wird ihr Flehen hören
Erinnerung wird dann zur Qual
Die Geister wird man dann beschwören

Hilflos Unschuld wollt' sich wehren
Doch niemand war auf ihrer Seit'
Ein Priester wollt' sie nur bekehren
Doch er ging einfach nur zu weit

Nebula wurd' hier geboren
Des Teufels Balg, wie es dann hieß
Doch eins hat sie sich dort geschworen
Zu rächen, die man einst verstieß:

„Mutters Mal trag ich im Herzen
Ihr Leid schnitt sich so tief
Mit Würde fühl' ich ihre Schmerzen
Geweckt habt Ihr, was einstmals schlief!"

Wenn dichter Nebel dringt durchs Tal
Jeder wird ihr Flehen hören
Erinnerung wird dann zur Qual
Die Geister wird man dann beschwören

Der schnelle Tod ereilt gar viele
Nebula kennt keinen Halt
Schlagend Herzen sind die Ziele
Verderben kommt, wie einst im Wald

Was einst geschah aus purer Lust
Im Zeichen eines falschen Glauben
Dies' Fehler wird zu spät bewusst
Die Hoffnung wird nur noch verstauben

Wenn dichter Nebel dringt durchs Tal
Ihr Flehen bleibt jetzt ungehört
Erinnerung wurd' einst zur Qual
Niemand mehr den Geist beschwört

Alphabetisches Verzeichnis der Gedichte

Bildnachweise:

Titelbild: Autor
Seite 5: „Der Fährmann" Patrick Hagemeier; Fotografie: Sven Adrian
Seite 13: „Das Abendweib" Steffi Hensgen
Seite 31: Autor
Seite 46: Autor
Seite 65: Fotografie: Nina Müller
Seite 67: „Kaelin, der Erlöser" Christopher Tietjen;
Fotografie: Nina Müller
Seite 69: „Letizia vom Nordwald" Yvonne Behrens;
Fotografie: Nina Müller
Seite 71: „Gevatter Tod" Sven Geilenkeuser; Fotografie: Nina Müller

Anhang

Lassen wir den Autor mal zu Wort kommen und sich selbst vorstellen...

Vergesst alles, was Ihr je über mich gehört habt. Denn meist ist höchstens die Hälfte davon wahr und Menschen haben die 'nette Angewohnheit', selbst etwas hinzuzufügen, wie man mich gern sehen würde. Bei jemandem, dem man auf die Füße tritt, kommt man natürlich nicht so gut weg, als bei dem Mitmenschen, der einen mag. Deshalb bin ich der Meinung, dass man sich am besten selbst ein Bild von mir machen sollte...

Wer ich bin? Baron Markus von Gust, Schriftsteller der Dunklen Szene und wohnhaft in den Keltischen Alpen. Meist tauche ich da auf, wo man mich nicht unbedingt vermuten würde und schreibe auch über Themen, die viele nicht für lesenswert erachten, da es sich nicht schickt, über solche Dinge Worte zu verlieren. Ich lebe von den Eindrücken, die ich jeden Tag wie ein Schwamm aufnehme und verarbeite, seien es Bilder, Gefühle oder Musik. Wenn ich durch meine Werke andere Künstler inspiriere, selbst etwas daraus zu kreieren, freut es mich natürlich umso mehr (Vielen Dank an Dirk Wolkenberg für die Vertonung meines Werkes „Funken Hoffnung"!). So schließt sich der Kreis.

Ich scheue mich auch nicht, den Mund aufzumachen, wenn Unrecht geschieht. Natürlich bleibt es da nicht aus, dass ich mit meiner Meinung anecke, wenn diese mal nicht der Norm entspricht. Doch damit kann ich gut leben. Wenn man sich in die Öffentlichkeit begibt, setzt man sich immer der Kritik aus – positiv oder negativ. Doch ich möchte mich auch morgen noch im Spiegel erkennen – deshalb gibt es die „Dark Poems".

Ein ganz besonderer Dank gebührt all den Menschen, die mich auf meinem Weg begleiten.

Stellvertretend: Bianca, Dirk, Sabine, Kathrin, Jens, Patricia, Gosia, Moni, Crissy, Andrea, Patrick, Conny, Gonzo und all die anderen...

Ein besonderer Dank gilt **Nina Müller** für ihr Engagement und einige der wunderschönen Darsteller-Fotografien, die für das Buch verwendet wurden.

Der größte Dank gebührt natürlich meiner Frau **Antonia Gust**, die als Herausgeberin selbstverständlich wieder für das gesamte Lektorat und Layout der „Dark Poems" zuständig war und ist.

Wer Blut geleckt hat und mehr über mich erfahren will, sollte mich einfach mal besuchen oder kontaktieren:

WWW.baron-von-gust.de oder baron.von.gust@gmail.com

See you in hell...

83